AF563071

LA

QUESTION CAPITALE

FAISANT SUITE

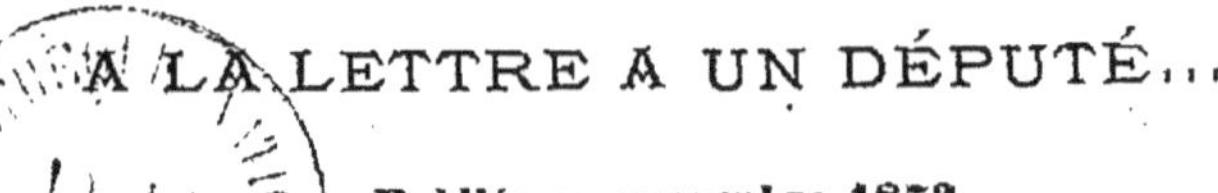

A LA LETTRE A UN DÉPUTÉ.....

Publiée en novembre 1872.

Dire : « VIVE LA RÉPUBLIQUE ! » ou dire : « MORT A LA FRANCE ! » c'est tout un !!!

C'est clair, — c'est démontré, pour quiconque *veut* voir et comprendre, pour quiconque n'est pas *comme le cheval et le mulet.*

CARPENTRAS

IMPRIMERIE P. PRIÈRE, SUCCESSEUR DE L. DEVILLARIO

1873

LA QUESTION

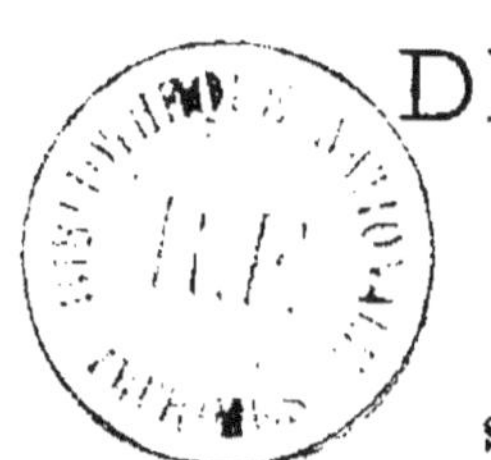

DE VIE OU DE MORT

A TRANCHER

SANS NOUVEAUX RETARDS

Ce n'est pas la première fois que nous adressons à l'Assemblée nationale la pétition ci-après : depuis le 8 février 1871, nous aurions voulu, comme Caton, infatigablement, sans cesse, à toute séance, à tout propos, faire entendre la salutaire motion « *Censeo delendam....* », d'autant plus qu'il s'agit, chez nous, de bien pire chose à détruire que Carthage !! Depuis lors, nous avons toujours cru fermement que le temps était bien venu de percer les lignes ennemies et de déblayer le terrain.....

Mais, hélas ! on n'a rien fait ou presque rien, à cette fin, qui est cependant le « *porrò unum est* »: non RIEN, pas même une loi électorale, capable de conjurer les périls, devenus extrêmes et menaçants, du suffrage universel !... Et il ne faut rien moins que les coups, de plus en plus répétés et retentissants de ce marteau de démolition sociale, pour secouer un peu le sommeil léthargique qui semble nous avoir saisis..... En attendant, l'ennemi a fait du chemin et ses moyens de destruction ont grandi : la place est cernée de toutes parts, et il n'y a plus que pour quelques jours de vivres !...

Fera-t-on un suprême effort ? Nous venons encore, tout petit que nous sommes, mais plein de conviction et de confiance en Dieu, qui fera d'ailleurs un nouveau miracle pour sauver la France (et c'est ce qui nous rassure, avant tout !), nous venons, une fois de plus, le demander humblement à l'Assemblée.

Le soussigné, PEYRON, notaire à Mazan, (Vaucluse), mû par un sentiment de patriotisme ardent et sincère, — se faisant l'écho, d'ailleurs, d'un grand nombre d'autres bons et dévoués légitimistes, dans les départemonts de Vaucluse, du Gard et des Bouches-du-Rhône, — a l'honneur de soumettre à l'Assemblée nationale le projet de Décret dont suit la teneur :

« L'ASSEMBLÉE NATIONALE,

« CONSIDÉRANT que l'heure est venue, ou de sortir enfin, résolument et vaillamment, de l'ornière révolutionnaire, qui a conduit la France à tous les abîmes, — ou de se résigner, une fois de plus, lâchement, — à demeurer dans la même voie de perdition, certaine et inévitable;

« CONSIDÉRANT que, surtout en présence des menées, bien connues, de la Révolution et de l'ennemi, *faisant cause commune* pour achever, DANS UN AVENIR TRÈS-PROCHAIN, la ruine de la France, — cette alternative, s'impose fatalement et avec la plus irrésistible évidence, comme une QUESTION DE VIE OU DE MORT : à moins de fermer follement les yeux et l'entendement à la plus éclatante lumière et aux enseignements les plus frappants de notre histoire nationale, — à moins de se laisser aveugler par des passions et par des préjugés, aussi misérables que criminels, en ce redoutable moment ;

« CONSIDÉRANT que Dieu et les hommes demanderont à cette Assemblée un compte sévère et terrible de ce qu'elle aura fait ou manqué de faire pour sauver la France, qui lui a confié ses destinées ;

« CONSIDÉRANT que, le 8 février 1871, la nation, alors plus que jamais éclairée et instruite par de récentes et formidables épreuves, a donné UNE IMMENSE MAJORITÉ au principe monarchique ; — et qu'elle a, par cela même, suffisamment dénoncé et accentué :

« Et le *mal hideux* qui a été la cause première et directe des épouvantables catastrophes dont elle a été frappée si soudainement,

« Et l'*unique moyen* d'y rémédier ;

« CONSIDÉRANT qu'il *n'y a pas de droit contre le droit*, — et que, à moins de s'obstiner brutalement à favoriser les *horribles desseins de l'ennemi*, en gardant, mêlé à nos institutions, le principe révolutionnaire, — qu'il sait bien être *son allié le plus puissant* (1), — il faut convenir, il faut bien confesser qu'il n'y a pas et qu'il ne peut y avoir d'autre monarchie, en France, que la MONARCHIE LÉGITIME ;

« CONSIDÉRANT que cette MONARCHIE LÉGITIME est donc l'antipode de la Révolution : de sorte qu'il serait dérisoire, coupable même autant qu'absurde de prétendre lui imposer aucun des attributs de celle-ci (2) ;

---

(1) Et c'est pourquoi M. de Bismark s'agite et se démène avec tant de fiévreuse activité pour entraver l'avènement en France de la monarchie légitime ! Nier cela, ce serait faire acte de crasse ignorance ou de mauvaise foi.

(2) Par exemple, le drapeau tricolore !... Ceci rappelle le fait d'un malheureux père de famille qui, tout en consentant enfin, non sans effort, à faire cesser l'ignominie de sa maison, à renvoyer la concubine qui la souillait et la ruinait depuis longues années, tenait pourtant à conserver d'elle encore un souvenir: une boucle de cheveux, un bijou, que sais-je ?... le pauvre homme était-il entièrement, franchement revenu au bien, et pouvait-on l'absoudre, dans ces conditions, en toute sécurité de conscience ?

Depuis plus de quatre-vingts ans, la Révolution n'est-elle point, chez le peuple français, l'infâme concubine, qui souille et ruine la maison, — attirant sur elle toutes les malédictions divines et humaines, et qu'il faut finalement chasser et exterminer, sous peine de périr, dans les plus extrêmes misères et dans le déshonneur ?

« CONSIDÉRANT qu'une des aberrations les plus funestes des temps modernes a été d'admettre qu'il était *permis* et *possible* à quelques hommes d'Etat, toujours plus ou moins vains et présomptueux (1), — non point seulement d'améliorer et de développer, ce qui est parfaitement licite et dans l'ordre, mais encore de *changer radicalement* les principes les plus essentiels de la Constitution d'un grand

---

(1) Quoi de plus vain et de plus présomptueux que cette école de *constitutionnels libérâtres*, ne croyant jamais qu'aux *faits accomplis*, uniquement attentifs aux choses de l'ordre matériel et bursal, et auxquels les plus récentes et les plus terribles leçons ne servent de rien, tellement que, à cet instant d'angoisse suprême où nous sommes, ils trouvent encore le triste courage,— il faudrait dire le cynisme,— de louvoyer, d'épiloguer, pour retarder, pour marchander leur soumission au vrai principe de salut, eux pourtant si coupables depuis 1830 !

Un pas de plus dans cette voie funeste, et ils seront côte à côte avec le révoltant vieillard, que les approches de l'Éternelle Justice n'épouvantent point, et qui ayant pu être un vrai grand homme d'état et le sauveur de sa patrie, n'aura jamais eu en partage que l'astuce, l'habileté et l'orgueil des démons... Soudain, à ce point aveuglé et démoralisé, qu'il se jette en insensé au milieu de toute sa boue révolutionnaire, où il étouffera à bref délai !... Autre Bazaine, préférant au salut de son pays la réalisation de ses misérables vues personnelles, de sa sénile ambition et de ses coupables convoitises !...

peuple, — en un mot, de fabriquer à ce peuple, qui a déjà quatorze siècles d'existence, UNE CONSTITUTION : comme s'il avait vécu tout ce temps sans avoir sa constitution vraie et naturelle, c'est-à-dire sa loi propre, vitale, ESSENTIELLE, — hors de laquelle il ne peut que décroître, s'abâtardir, en quelque sorte, et dépérir, jusqu'à une totale dissolution !

« CONSIDÉRANT que cette vérité, de l'ordre moral, devient frappante et visible à tous les yeux, alors surtout que toutes ces constitutions, de fabrique récente, étant une audacieuse négation du plan providentiel (1), du droit divin, — une tentative insensée pour se soustraire à l'action divine, elles sont suivies, toujours, invariablement et dans un court délai, des plus lamentables catastrophes ;

« CONSIDÉRANT que la République, — comme forme de gouvernement, en France, — précisément parce qu'elle est le *principe révolu-*

---

(1) Il faudrait être vraiment insensé pour croire qu'il a pu entrer dans le *plan divin* de livrer le sort des nations au caprice de quelques hommes, scélérats ou aveugles, auxquels il viendrait tout à coup la pensée de renverser, *d'un tour de main*, la Constitution d'un peuple, et de lui en fabriquer une autre de leur façon !

tionnaire lui-même, officiellement reconnu et proclamé, — n'est donc et ne peut-être que le chemin de notre ruine nationale et de notre plus complète décadence : ainsi que le démontrent, d'ailleurs, des faits historiques incontestables et, de plus en plus, péremptoires et décisifs ;

« CONSIDÉRANT, en conséquence, que l'adoption et la consécration d'une telle forme de gouvernement serait, de la part d'une Assemblée française, le plus grand des attentats, un crime sans nom ;

« FAISANT UN GRAND ACTE de justice et de réparation sociale ;

« A DÉCRÉTÉ ET DÉCRÈTE ce qui suit :

ARTICLE PREMIER.

« L'antique et magnifique Constitution de la France, — cette Constitution si éminemment perfectible et sociale, est de nouveau affirmée et proclamée : la même Constitution dont Sa Majesté le Roi Louis XVI rappelait les principes dans sa lettre de convocation des États-

Généraux, — la même qui a été, par ceux-ci, à cette très-solennelle époque, UNANIMEMENT constatée et recònnue, lors du dépouillement des Cahiers, et qui est ainsi résumée :

« 1° Le gouvernement de France est une Monarchie.

« 2° La personne du Roi est inviolable et sacrée.

« 3° La couronne est héréditaire, de mâle en mâle, par ordre de primogéniture, dans la famille de Louis XVI.

« 4° Le Roi est le dépositaire du pouvoir exécutif.

« 5° Les agents de l'Autorité sont responsables.

« 6° La sanction royale est nécessaire pour la promulgation des lois.

« 7° La Nation fait les lois, avec la sanction du Roi.

« 8° Le consentement national est nécessaire à l'emprunt et à l'impôt.

« 9° L'impôt ne peut être accordé que d'une tenue des États-Généraux à l'autre.

« 10° La propriété sera sacrée.

« 11° La liberté individuelle sera sacrée.

« Article 2.

« En conséquence et dès maintenant, le ROI DE FRANCE, sous le nom d'Henri V, EST, RÈGNE et gouverne, suivant les principes de ce vrai *droit national*, — dont la criminelle confiscation a été la cause première de tous les malheurs de la France, dans ces quatre-vingt dernières années.

« Article 3.

« Une Commission, composée de trente membres de cette Assemblée, désignée par elle, ayant à sa tête son Excellence M. le président Buffet, et de laquelle feront partie, de droit, les princes de la famille royale d'Orléans, venant de donner un si noble exemple de retour et de soumission aux vrais principes constitutionnels de la France, — ira, sans retard, recevoir le Roi à la frontière ; elle sera escortée, d'honneur, d'un détachement des armées de Paris et de Versailles, choisi et commandé par son Excellence M. le maréchal de Mac-Mahon duc de Magenta, Chef du pouvoir exécutif.

ARTICLE 4.

« Il sera pris, au surplus, par l'autorité compétente et sur l'initiative de la même Commission, toutes mesures utiles ou nécessaires pour la prompte installation du Roi, de sa famille et de sa maison à Versailles, et pour qu'aucune entrave ne soit apportée à ce grand acte de *Restauration du droit national de la France.*

« Fait et délibéré à Versailles, dans la séance publique du 20 octobre 1873. »

AMÉDÉE PEYRON.

Oui ! —nous voudrions avoir cent mille voix pour l'affirmer, pour le crier sur les toits : *Telle est la vraie question*, DE VIE OU DE MORT, que la majorité de l'Assemblée nationale et l'illustre maréchal de Mac-Mahon ont, à cette heure suprême, la grande mission de résoudre ou de trancher, *ou par la parole ou par le glaive !*... Oui, ils ont à sauver, avant tout, la Nation qui leur a confié ses destinées ! C'est leur devoir le plus pressant, le plus impérieux, le plus sacré ; — c'est leur loi, antérieure et supérieure !

Salus populi suprema lex !

En effet, ils ne sauraient être trop convaincus que l'ennemi, loin d'être rassasié ou apaisé par l'effroyable entassement de nos ruines récentes, veille toujours et se prépare ardemment, — de concert avec le roi *galant homme*, à nous porter le dernier coup, — à nous et au Catholicisme, qu'il faut bien appeler notre *raison d'être* (1), dans le monde et dans le plan divin, — notre honneur et notre vraie gloire, — notre plus ferme et meilleur appui. Ils n'ignorent point que, pour cette œuvre

(1) Il faut en convenir, il faut le dire sans hésitation : « *ou la France sera franchement, foncièrement CATHOLIQUE, ou elle n'existera pas !* »

Nous n'espérons point, bien entendu, ramener à cet avis les brutes, c'est-à-dire ceux qui prétendent que l'homme est comme tout autre animal, *un corps sans une âme immortelle !*

infernale, l'ennemi compte sur la décisive coopération de l'esprit révolutionnaire, — qui a été, toujours, constamment, invariablement, son auxiliaire le plus dévoué et le plus efficace : Qui donc aurait oublié déjà, — pour ne point remonter plus haut dans l'histoire de nos malheurs, où nous trouverions mille autres preuves, — qui donc aurait oublié si vite l'attitude, — ignominieuse, à force d'être antinationale, — de toute notre presse révolutionnaire, lors des annexions, soit italiennes, soit allemandes ?... Quel est le cœur, vraiment français, qui n'a point frémi d'indignation devant les applaudissements, si antipatriotiques, si sataniques, de certains hommes et de certains journaux, tels que le *Siècle*, l'*Opinion nationale*, etc., etc., alors qne grandissait et se développait, dans l'Italie et dans le Nord, la puissance qui devait, si peu d'années après, nous réduire aux dernières extrémités et nous menacer d'une totale dissolution ?...

Eh bien, c'est toujours ce même esprit qui, à ce moment, complote et machine encore, avec le Reitre incendiaire et pillard, notre ruine définitive ; — le même esprit anti-autoritaire, anticatholique, mettant obstacle à la plénitude des miséricordes divines, — retardant l'heure du salut, — éloignant, repoussant de nous, *rendant impossible toute alliance* (1), et nous laissant isolés en Europe, exposés à de nouvelles et suprêmes attaques !

Non, ni la majorité de l'Assemblée, ni Son Excellence M. le Maréchal de Mac-Mahon n'ignorent ces choses : DONC, ils savent qu'il faut sauver la France d'un extrême et très-prochain péril;—DONC, ils ont pris la généreuse et inébranlable résolution d'opérer ce salut, *à tout prix*, et avec l'aide du Tout-Puissant, qui ne leur manquera pas pour ce grand œuvre ! Or, ils ne le peuvent qu'à la condition essentielle, inévitable, de briser, de dompter définitivement la RÉVOLUTION, —qui est bien (avec l'ennemi) l'unique obstacle à notre restauration nationale.

Et ici, nous nous gardons bien de confondre la RÉVOLUTION, — qui n'est autre chose que l'anti-Christianisme (et dont les audacieuses

---

(1) Il y a tout lieu de croire que, le roi arrivant, nous aurons aussitôt l'alliance des empereurs de Russie et d'Autriche, sans parler de l'Espagne, que notre souffle seul, alors, suffira à remettre dans sa voie... M. de Bismark le sait bien, et c'est pourquoi il se hate de faire les derniers efforts pour empêcher notre restauration nationale, pour achever son œuvre de destruction.

et innombrables aberrations, dans le domaine de toutes les vérités, ont fini par rendre *nécessaires* les magnifiques et sublimes définitions du *syllabus* et du Concile du Vatican), — avec le VÉRITABLE PROGRÈS, dans le monde moral et dans le monde physique, — progrès, commandé par l'esprit chrétien, par l'ordre divin, — réalisé, d'ailleurs, malgré les incessantes entraves révolutionnaires, et accompli, dans une certaine mesure, qui, — sans elles, — eût été certainement bien plus grande; oui, qui dira à quel degré de prospérité et de grandeur serait parvenue la France, de nos jours, sans les empêchements, sans les brutalités, sans les souillures révolutionnaires, — sans cette révolte permanente, systématique et déjà si ancienne, contre *l'ordre divin* — en un mot, sans ce hideux état de *péché national*, qui a fini par nous attirer les foudres de la souveraine justice? (1)

---

(1) Il n'est point rare d'entendre dire, même à d'excellentes gens : « *La Révolution* a pourtant *fait quelque* bien, *et a corrigé* bien des abus. »

Nous en convenons volontiers ; mais faut-il pour cela bénir et chérir le principe révolutionnaire, c'est-à-dire le *mal* lui-même, duquel il a plu à la puissance divine de faire sortir un certain bien ?

Parce que la peste et les autres fléaux font souvent rentrer

Il est vrai que la France a prié et que, soudain — surtout depuis le 24 mai dernier — s'est montré un rayon de la miséricorde divine !... Mais ce rayon disparaîtra, à jamais peut-être, et, avec lui, tout espoir de salut pour la pauvre France, si nous avons le malheur de démontrer que nos prières, publiques et privées, ne sont que *du bout des lèvres :* puisque nous nous laissons glisser, retomber de nouveau entre les mains de ceux qui, *comme le cheval et le mulet* (1), comme la brute, ne comprennent point, dédaignent et foulent aux pieds les grands principes de conservation sociale, — se moquant cyniquement et de ces prières et de ce rayon !

---

les pécheurs en eux-mêmes, en les convertissant ; parce que les Néron et les Domitien ont peuplé le Ciel de martyrs, parce que les persécutions n'ont fait que raviver la foi et le zèle des néophytes, faudra-t-il aimer et bénir la peste et les autres fléaux, les Néron et les Domitien ?

Le raisonnement qui conduirait à cette conclusion serait tout bonnement stupide. Du reste, *le bien* produit par la *révolution*, comme châtiment, est infiniment au-dessous du *mal* dont elle a été la source, en battant en brèche toutes les idées morales et religieuses, en ruinant le *principe d'autorité*, cette clé de voute de l'édifice social.

(1) *Nolite fieri sicut equus et mulus, quibus non est intellectus*. Ps. 31.

Oh, qu'il n'en soit point ainsi, et que la France, — que Dieu protège encore, — soit enfin sauvée ! Et si la parole n'y suffisait point, prenons le glaive !

Car il s'agit ici d'un bon et saint combat : il s'agit de l'existence même de notre bien-aimée patrie ! — Il s'agit d'épargner un immense naufrage au Catholicisme et à la civilisation en Europe !

Nouveaux Bazaines, nous obstinerons-nous à rester dans l'inaction, — à garder le *statu quo*, — à nous contenter de plans, de pourparlers et de rêves imbéciles, tous d'ailleurs plus ou moins égoïstes et criminels : jusques au funèbre instant où l'ennemi, qui, lui, travaille, s'agite et s'apprête aux dernières horreurs, nous aura circonvenus, bloqués et réduits à merci ?...

Si nous étions descendus à ce degré d'abandon de nous-mêmes et d'abaissement moral, nous aurions mérité notre sort lamentable, et l'histoire aurait bien le droit de dire un jour : « Là, vécut une nation, qui, durant de longs « siècles, fut grande et respectée, — qui était « appelée de Dieu à de magnifiques destinées, « à être sa noble messagère dans le monde (1), « — mais qui, s'étant laissée envahir par l'*es-*

(1) *Gesta Dei per Francos.*

« *prit révolutionnaire*, a fini par en mourir :
« n'ayant jamais trouvé dans son âme, — sur-
« tout dans l'âme de ses chefs, desséchée et
« pourrie par ce souffle, — assez de force et de
« virilité pour se relever et reprendre son vrai
« chemin ;... nouvelle Pologne, — mais moins
« à plaindre que celle-ci, — elle devint la proie
« de voisins orgueilleux et cupides, — vérita-
« bles instruments, cette fois, des vengeances
« divines.... Et pourtant, cette nation était
« riche, — elle regorgeait de ressources maté-
« rielles et d'argent; — même dans son humi-
« liation devant l'étranger, elle savait encore
« donner des fêtes splendides;... on y dansait,
« on y folâtrait;.. mais elle se souciait fort peu
« de ce qu'on appelle *idées religieuses et*
« *morales*, dignité morale ;... les soi-disant
« *honnêtes gens* et *amis de l'ordre*, loin de
« faire cause commune, s'y jalousaient basse-
« ment, s'y déchiraient à belles dents, tandis
« que, dans le camp de ceux qui, à cette ques-
« tion : « *Qui voulez-vous, de* JÉSUS *ou de*
« *Barrabas ?* » répondent toujours, avec un
« affreux ensemble : « *Barrabas ! Barra-*
« *bas !* », on s'entendait, on se soutenait par-
« tout, jour et nuit, et sans cesse... Hélas !
« elle était devenue sans foi sincère en Dieu,
« — sans cœur et sans honneur, — et elle ne
« tarda point à tomber en dissolution, comme

« tout ce que l'esprit d'En haut n'anime point « et délaisse... »

Mais non, mille fois non! il n'en sera point ainsi! A la voix de ses chefs, qu'elle n'a jamais refusé d'écouter et de suivre (1), — à la voix de ses chefs, — cette fois, une fois pour toutes, bien inspirés, — la France se lèvera comme un seul homme, subitement refaite et régénérée: Car, à cette heure, l'action divine se montrera, — comme à Paul, sur le chemin de Damas, — frappante, miraculeuse, irrésistible! car à ce corps, jusques-là languissant et malade, on aura rendu SA VRAIE TÊTE, — légitime et naturelle, — sa tête saine et clairvoyante: car l'air retentira de toutes parts de ce cri — si souverainement réparateur, en France, envers Dieu et les hommes, — de: VIVE LE ROI! (2).

---

(1) Où trouver une nation plus autoritaire que la France? Au moindre coup de télégraphe, elle a subi toujours, *sans mot dire*, les maîtres (trop souvent indignes) qu'on lui a imposés.

(2) Nous n'avons jamais hésité à dire très-hautement, très-publiquement, comment nous entendons, comment nous comprenons ce cri sauveur: par exemple, dans notre adresse au Roi, du mois de mai 1851, dans la *Lettre à un député*, et dans les journaux de Vaucluse, l'*Union* et l'*Etoile* (numéros des 17 nov. et 15 déc. 1870, — 2 et 26 févr. 1871...)

Ce cri puissant aplanira, à lui seul, bien des difficultés, notamment celle *du drapeau*! — question si misérable, si pitoyable, que, le Roi venu, nous rougirons de l'avoir prise au sérieux.

Et maintenant, nous tous, vrais Français— qui préférons *Jésus* à *Barrabas,*— espérons et croyons fermement que, par l'intercession, très-visible, de Marie immaculée, le cœur de Dieu incline à la miséricorde, envers notre bien-aimée patrie ! Voyez, en effet, comment tombent ou s'affaissent, de toutes parts, un à un, les plus redoutables supports de la *Révolution,* c'est-à-dire de la *guerre à Dieu et à l'Eglise* : Napoléon III, par exemple !... c'était le plus forcené et le plus puissant : il avait mis au service de son infernal dessein tout son génie satanique, les trésors et le sang de la France ;.. mais taisons-nous ;.. laissons à la véridique histoire le soin de dévoiler bientôt les plus épouvantables machinations !!.. puissent, ces terribles enseignements, nous profiter, même aux plus endurcis ! puisse se fermer enfin l'ère de nos monstrueuses erreurs et de nos discordes civiles!.. puissions-nous, tous ensemble, dans un temps bien prochain, serrer nos mains amies, autour du Père de famille, qui accueillera et bénira tous ceux de ses enfants qui reviendront à lui, l'âme refaite, redevenue *fidèle* et vraiment française !

Am. P.

Carpentras. — Typographie P. Prière.

www.ingramcontent.com/pod-product-compliance
Lightning Source LLC
LaVergne TN
LVHW010254230826
846091LV00007B/2971

* 9 7 8 2 0 1 1 7 6 8 8 3 4 *